# HISTOIRE DES PROGRÈS

DES

# ÉTUDES ANTHROPOLOGIQUES

DEPUIS LA FONDATION DE LA SOCIÉTÉ

---

Compte rendu décennal (1859-1869) lu dans la séance solennelle du 8 juillet 1869

PAR

M. PAUL BROCA

SECRÉTAIRE GÉNÉRAL

PARIS

TYPOGRAPHIE A. HENNUYER

7, RUE DU BOULEVARD, 7

1870

# HISTOIRE

DES

# PROGRÈS DES ÉTUDES ANTHROPOLOGIQUES

## DEPUIS LA FONDATION DE LA SOCIÉTÉ

Compte rendu décennal (1859-1869) lu dans la séance solennelle du 8 juillet 1869.

PAR M. PAUL BROCA

Secrétaire général.

Le voyageur qui gravit une pente aime à faire de temps en temps une halte et à se retourner pour promener ses yeux sur le chemin qu'il vient de parcourir. Il oublie pour un moment l'heure présente, et, reportant ses souvenirs sur les obstacles qu'il a franchis, il y puise un nouveau courage pour faire face aux difficultés qui vont renaître sous ses pas. Comme ce voyageur, messieurs, vous désirez aujourd'hui jeter un regard en arrière. Après dix années d'un labeur incessant, qui n'a pas été sans profit pour la science, vous avez voulu que le premier anniversaire décennal de la fondation de votre Société devînt l'occasion d'une revue rétrospective des circonstances qui ont concouru, pendant cette période, à provoquer, dans la science anthropologique, tant de découvertes et tant de progrès. Il ne s'agit plus, comme dans nos comptes rendus ordinaires, d'une analyse plus ou moins succincte de vos travaux ; et comment, d'ailleurs, pourrait-on essayer de condenser en quelques pages des mémoires, des communications, des discussions qui remplissent déjà plus de douze volumes, et dont la seule énumération pourrait durer plusieurs heures? Ce que vous demandez, c'est un tableau d'ensemble où l'œuvre de chacun doit disparaître dans l'œuvre collective, une appréciation impersonnelle de l'influence que notre Société a exercée sur le mouvement de notre science, un parallèle de l'anthropologie telle qu'elle était avant vous et de l'anthropologie telle qu'elle est aujourd'hui, — tâche délicate et périlleuse, qui eût été remplie avec bien plus de tact, de sagesse et d'autorité par le professeur éminent qui préside cette année nos séances. Cette mission lui revenait de droit, et vous la lui avez tout d'abord offerte. — Mais M. Lartet n'est pas comme tout le monde. A la recherche, à la découverte, il marche le premier. S'agit-il, au contraire, de se montrer, de se produire, il s'efface derrière les autres. N'ayant pu vaincre la modestie de votre président, vous avez choisi à sa place votre secrétaire général, et j'ai dû me rendre à vos désirs, qui pour moi sont toujours des ordres; mais je ne me dissimule pas qu'en vous obéissant, je m'expose à rester au-dessous d'une tâche que vous n'aviez pas mesurée pour mes forces. Déjà habitué à compter sur votre bienveillance, c'est à votre indulgence que je fais appel aujourd'hui, et vous me l'accorderez peut-être si vous voulez bien vous souvenir de ce vieux distique :

Da veniam scriptis quorum non gloria nobis
Causa, sed aspera lex officiumque fuit.

Ce qui caractérise la période décennale dont je vais essayer d'esquisser l'histoire, c'est la diffusion des études anthropologiques, l'accroissement rapide et jusqu'alors sans exemple du nombre des savants qui s'y sont voués et des personnes qui s'y sont intéressées. Il s'est formé en peu d'années un public nombreux et distingué qui comprend l'importance de notre science, qui applaudit à ses progrès, qui a foi dans son avenir.

Avant cette époque, ceux qui consacraient leur temps à la solution de quelques-uns de nos problèmes devaient se résigner à n'avoir que quelques lecteurs de choix, à voir le silence se faire autour de leurs idées et à entendre sortir de la bouche des sages ces paroles peu encourageantes : « Quel dommage que tant de travail et tant de persévérance ne soient pas appliqués à des sujets moins stériles ! » Aujourd'hui, ces mêmes savants trouvent partout des tribunes ouvertes à leurs discussions, des revues et des journaux ouverts à leurs publications, des auditeurs éclairés, des lecteurs assidus, et ces mêmes sages les félicitent de l'utilité de leurs recherches.

Quelles sont donc les causes de cet heureux changement? Elles sont multiples sans doute; et nous devons reconnaître tout d'abord qu'une science dont l'histoire compte des noms comme ceux de Buffon, de Camper, de Blumenbach, de Prichard, de William Edwards, de Morton, de Retzius, de Rodolphe Wagner, — pour ne parler que des morts, — devait tôt ou tard s'imposer aux esprits et triompher de l'indifférence publique. Nous devons reconnaître aussi que le développement de notre science était subordonné aux progrès de la linguistique, de la géologie, de la paléontologie, de l'archéologie préhistorique, qui n'ont revêtu le caractère de connaissances positives que dans la première moitié du dix-neuvième siècle. Autant il était impossible que l'anthropologie prît tout son essor avant que ces sciences auxiliaires fussent parvenues à leur maturité, autant il était nécessaire qu'elle les suivît un jour dans leur évolution. Mais elle aurait pu longtemps encore attendre son heure, si une impulsion vigoureuse n'était venue, il y a dix ans, la pousser tout à coup dans ses nouvelles voies.

Cette impulsion, messieurs, c'est à vous qu'elle est due. C'est vous qui, en réunissant vos forces, en combinant vos aptitudes diverses, en faisant converger vers un même but les nombreuses sciences dont la science de l'homme est tributaire, avez fait de la Société d'anthropologie de Paris un foyer d'attraction et de rayonnement dont l'influence s'est rapidement répandue.

Déjà avant vous, mais dans des conditions moins heureuses, d'autres sociétés avaient, sous des noms divers, entrepris la tâche difficile que vous avez accomplie.

Ce fut d'abord la *Société des observateurs de l'homme*, fondée à Paris, en 1800, par une réunion de naturalistes et de médecins. Le titre même de cette Société et le programme tracé par Jauffret, secrétaire perpétuel, montrent clairement que l'intention des fondateurs était principalement de provoquer des études sur l'histoire naturelle de l'homme. On se proposait surtout de donner un but et une direction aux recherches des voyageurs. C'était sur les renseignements qu'ils allaient fournir que l'on comptait pour alimenter les séances de la Société. — Mais on ne comptait pas sur les guerres continuelles et générales qui allaient suspendre pour longtemps le commerce et les voyages lointains. En attendant ces documents anthropologiques qu'elle ne devait pas recevoir, la Société se retourna vers les questions d'ethnologie historique et psychologique. L'histoire naturelle fut négligée pour la philosophie, la politique et la philanthropie. L'illustre Coray, que les Grecs modernes considèrent à juste titre comme le père de leur nation, venait d'arriver à Paris, où il s'était donné la mission de faire connaître l'état de la Grèce et d'intéresser au sort de son pays opprimé les lettrés et les savants de la France. Trouvant quelque difficulté à promulguer ses idées par la voie d'une presse étroitement bâillonnée, il s'adressa à la Société des observateurs de l'homme, et ce fut à elle qu'il présenta son célèbre mémoire sur l'*État actuel de la civilisation de la Grèce*. Au milieu des agitations militaires de l'époque, ce mémoire n'eut que peu de retentissement dans le public, mais il fit une vive impression sur la Société qui en était saisie, et qui, bientôt envahie par les philhellènes, perdit décidément son caractère scientifique. Après environ trois années d'une existence peu active (1), elle fit fusion avec la *Société philanthropique* et s'y absorba entièrement, ne laissant dans l'histoire des sciences qu'un vague souvenir. Plus tard, après la chute de l'empire, le mémoire de Coray, plusieurs fois réédité et traduit dans la plupart des langues de l'Europe, devint le point de départ du mouvement philhellénique, et on le cite aujourd'hui comme le prélude de l'émancipation de la Grèce. Quant à la Société des observateurs de l'homme, on a oublié jusqu'à la part, cependant très-réelle, qu'elle a prise à ce mouvement, auquel elle a sacrifié son existence scientifique. Les naturalistes qui l'avaient fondée s'étaient trop hâtés de faire appel au concours des philosophes et des lettrés. L'anthropologie n'était pas encore assez solidement constituée, elle n'avait pas assez de résistance propre pour utiliser à son profit et retenir dans sa sphère les forces étrangères qu'elle avait appelées à son aide. Au lieu de les fixer sur son terrain, elle avait été entraînée à leur suite sur le sol mouvant de la politique.

Cette tentative avortée était oubliée depuis longtemps, lorsque des philanthropes anglais fondèrent à Londres, en 1838, la *Société pour la protection des aborigènes*, sous la présidence de sir Thomas Fowel Buxton. Quoique cette association comptât parmi ses membres des savants distingués, elle était plutôt politique et sociale que scientifique. C'était l'époque où la question de l'esclavage, déjà résolue par l'Angleterre, com-

(1) Quelques-uns des procès-verbaux de la Société des observateurs de l'homme ont été publiés, de 1800 à 1803, dans le *Magasin encyclopédique*.

mençait à occuper les législateurs de la France. Dans la session de 1839, la Chambre des députés, saisie par M. de Tracy d'une proposition tendant à émanciper les esclaves de nos colonies, avait chargé une commission de faire une enquête sur ce grave sujet; et la Société de Londres, espérant que la pression de l'opinion publique pourrait exercer une influence favorable sur les décisions de la Chambre, résolut de provoquer en France la fondation d'une société pour l'affranchissement des noirs. Un des principaux membres, M. Hodgkin, vint à Paris et se mit en rapport avec plusieurs personnes distinguées, notamment avec l'éminent naturaliste et anthropologiste William Edwards. Mais une association de ce genre n'était pas alors possible en France, où prévalait encore, dans les mœurs comme dans la législation, le principe égoïste : *Chacun pour soi, chacun chez soi.* Toutefois le mouvement que M. Hodgkin s'était efforcé de produire ne resta pas sans effet : à défaut d'une association politique, William Edwards et ses amis résolurent de fonder une société scientifique, et ainsi naquit la célèbre *Société ethnologique de Paris*, dont le ministre de l'instruction publique (avec la permission du ministre de l'intérieur) autorisa la fondation le 20 août 1839.

Depuis l'insuccès des *Observateurs de l'homme*, l'anthropologie avait fait de notables progrès, et si elle n'était pas constituée encore à l'état de science positive, elle possédait déjà une masse considérable de matériaux qui n'attendaient, pour s'agencer et se grouper méthodiquement, que le contrôle de la discussion. Vingt-cinq ans d'une paix féconde avaient rendu toute son activité au commerce transocéanique; de nombreux voyages d'exploration, plusieurs grandes expéditions autour du globe avaient rapidement élargi le cercle des observations anthropologiques. Plusieurs musées crâniologiques commençaient déjà à se former. La publication des décades de Blumenbach était terminée; les travaux de Virey, de Prichard, de Bory de Saint-Vincent, de Desmoulin, de Gerdy, de d'Orbigny, de Broc, de Lesson avaient éclairé la description et la classification des races humaines, et tout récemment (1839) le célèbre Morton avait fait paraître son grand ouvrage intitulé *Crania americana*. Enfin la linguistique, qui pendant longtemps n'avait fait qu'égarer les esprits, venait de trouver sa méthode positive; les rapprochements et les filiations qu'elle établissait n'étaient plus de vaines hypothèses, et l'étude des langues, jusqu'alors si trompeuse, allait devenir un des guides les plus sûrs dans la recherche des origines. Ce fut dans ces conditions favorables que la Société ethnologique de Paris commença ses travaux, et vous savez, messieurs, qu'elle fut à la hauteur de sa tâche. Ses deux volumes de *Mémoires*, son volume de *Bulletins* compteront toujours au nombre des plus importants recueils anthropologiques. Mais, quoique ses fondateurs eussent obtenu promptement des adhésions assez nombreuses, le nombre de ses membres actifs resta longtemps fort limité. Ses séances excitaient un certain intérêt de curiosité, mais elles manquaient souvent d'animation, et ses discussions n'avaient presque aucun retentissement en dehors de son enceinte. Toutefois, lorsque le premier volume de ses *Mémoires* eut paru, quelques savants anglais comprirent l'utilité de son œuvre et résolurent de l'imiter. Par leurs soins, une société semblable fut organisée à Londres, au mois de mai 1844, et prit comme elle le titre de *Société ethnologique*, adopté peu de temps après par une troisième société fondée à New-York.

La Société ethnologique de Paris avait donc étendu son influence au delà des mers, et elle pouvait légitimement se féliciter de ce succès. Mais, il faut le reconnaître, elle manquait d'ensemble et de cohésion. A l'époque où elle fut fondée, la galerie anthropologique du Muséum n'existait pas; il n'y avait à Paris aucune collection où l'on pût étudier l'ostéologie comparée des races humaines; de sorte qu'elle n'avait pu asseoir son édifice sur la base solide de l'anatomie, qui est le fondement le plus positif de l'histoire naturelle. A défaut de l'anatomie, qui ne figura guère que dans son programme, elle étudia, et souvent avec le plus grand succès, l'histoire particulière de certaines races, leurs caractères intellectuels et moraux, leurs mœurs, leurs langues, leurs aptitudes, leur rôle dans la civilisation; questions d'un haut intérêt, dont l'ensemble constitue, sous le nom d'*ethnologie*, l'une des branches les plus importantes de l'anthropologie, mais qui entraînent aisément les esprits hors des voies scientifiques et se prêtent aux spéculations les plus hasardées, lorsqu'elles ne sont pas maintenues sur le terrain de la réalité par la main puissante de l'observation. L'ethnologie n'étudie l'homme que comme l'élément constitutif des races et des peuples. L'anthropologie l'étudie, en outre, comme un des hôtes de la terre, comme un des membres de la faune, comme le représentant d'un groupe zoologique assujetti aux lois générales qui régissent l'ensemble de la nature. Celui qui se restreindrait à ce dernier point de vue négligerait le côté le plus utile et le plus pratique de la science de l'homme; mais celui qui s'en tient exclusivement au premier méconnaît le principe qui fait la sécurité des sciences, et qui consiste à procéder du simple au composé, du connu à l'inconnu, du fait matériel et organique au phénomène fonctionnel. Les fondateurs de la Société ethnologique ne l'ignoraient point; William Edwards, qui traça son programme, M. Vivien de Saint-Martin, qui formula plus tard avec la plus grande netteté les principes fondamentaux de l'anthropologie, accordèrent l'un et l'autre la primauté à l'étude des caractères physiques de l'homme. Mais ces excellentes règles ne purent être appliquées, parce que les collections de crânes et de squelettes que nous possédons aujourd'hui n'existaient pas encore.

Privée du concours et du contrôle de l'anatomie et de la crâniologie, la Société ethnologique était comme ces embarcations qui, faute de lest, inclinent du côté où se porte l'équipage, et qui, pouvant encore naviguer par un temps calme, courent les plus grands dangers dans les jours d'orage. On le vit bientôt. Il arriva un moment où les séances si longtemps paisibles de la Société furent agitées par la question de l'esclavage. Il ne s'agissait d'abord que de déterminer les caractères distinctifs des races blanches et des races noires; mais ce fut en vain que les naturalistes et les anatomistes, trop peu nombreux, s'efforcèrent de maintenir la discussion dans le domaine de l'histoire naturelle, ils ne purent empêcher les autres orateurs, partisans ou adversaires de l'émancipation des noirs, de s'élancer avec passion sur le terrain brûlant de la politique sociale, et d'y entraîner enfin la Société presque tout entière. C'était en 1847; le débat grandissait à chaque séance : au dehors on commençait à s'y intéresser; les beaux discours du célèbre abolitionniste Schœlcher trouvaient de l'écho dans la grande presse, et le public s'imaginait volontiers que l'ethnologie, dont il entendait parler pour la première fois, n'était pas une science, mais quelque chose d'intermédiaire entre la politique, la sociologie et la philanthropie, — impression fâcheuse qui devait longtemps durer, et qui, pour le dire en passant, mit plus tard les fondateurs de la Société d'anthropologie aux prises avec la méfiance des bureaux de la police. Cette grande discussion durait déjà depuis près d'une année, et elle aurait pu s'éterniser, si la révolution de Février n'était venue y mettre un terme. Le gouvernement provisoire, en abolissant l'institution de l'esclavage, coupa court à la controverse, et la Société d'ethnologie avait si complétement concentré sa vie sur ce débat désormais superflu, que les sources de son activité se trouvèrent taries du même coup. Elle ne se déclara pas dissoute, mais elle n'eut plus qu'une existence nominale ; elle cessa de se réunir ; elle disparut comme si elle n'avait plus de raison d'être, laissant dans la science une lacune qui ne devait être comblée que onze années plus tard.

Il restait encore, il est vrai, à Londres et à New-York, deux Sociétés d'ethnologie qui n'avaient pas eu le même éclat et qui n'eurent pas le même sort. Elles continuèrent à vivre tranquillement, à recueillir des documents intéressants sur divers peuples des deux mondes, et à fournir lentement quelques publications utiles ; mais, en séparant de plus en plus l'ethnologie de l'histoire naturelle, elles se privèrent du concours des hommes habitués aux méthodes rigoureuses d'observation ; elles n'exercèrent qu'une faible influence sur la marche de la science, et ce ne fut pas dans leur sein que s'effectuèrent les travaux les plus utiles à l'anthropologie.

Ralenti par la chute de la Société ethnologique de Paris, le mouvement de l'anthropologie était loin cependant d'être arrêté. En France, l'enseignement de cette noble branche de l'histoire naturelle, inauguré par M. Serres, était continué par M. de Quatrefages avec un succès qui ne s'est jamais démenti. La galerie d'anthropologie du Muséum se constituait et se développait rapidement ; — déjà plusieurs savants communiquaient à l'Académie des sciences divers mémoires de crâniologie, et à la même époque Boucher de Perthes, novateur encore méconnu, recueillait avec une invincible persévérance les preuves matérielles de l'antiquité de l'homme. A Stockholm, le grand anatomiste Retzius poursuivait et complétait ses remarquables travaux crâniologiques, alors peu connus en France, mais déjà célèbres en Allemagne. Les savants archéologues du Danemark, après avoir constitué sur des bases nouvelles l'archéologie préhistorique, préparaient par l'étude des kjœkkenmœddings et des tourbières l'avénement de la paléontologie humaine. En Suisse, la découverte et l'exploration des habitations lacustres permettaient de formuler avec précision la succession des âges de la civilisation et de l'industrie. En Angleterre, les tombeaux anciens, fouillés avec persévérance, fournissaient une ample récolte de crânes bretons, romains ou anglo-saxons, et nos éminents collègues Barnard Davis et Thurnam commençaient la publication de leur splendide ouvrage : *Crania britannica*.

En Amérique, enfin, George Samuel Morton augmentait sans cesse sa collection crâniologique, qui fut pendant quelque temps la plus riche du monde entier, perfectionnait la crâniométrie, complétait la description des types américains, et soutenait avec éclat la doctrine polygéniste, à laquelle se rallièrent plusieurs des savants les plus éminents de son pays. Mieux qu'aucun de leurs prédécesseurs, Morton et ses élèves avaient compris la nécessité de faire concourir à l'étude de l'homme celle de la géologie, de la paléontologie, de l'archéologie, celle de la zoologie générale, de la géographie zoologique et de la géographie médicale. Pour réaliser ce programme, pour donner à l'anthropologie toute son extension, il ne manqua à l'école américaine que le calme philosophique qui place les recherches de la science en dehors et au-dessus des passions politiques et religieuses. En 1851, époque où mourut l'illustre Morton, les États-Unis étaient déjà profondément remués par cette agitation abolitionniste qui devait aboutir, dix ans plus tard, à la plus terrible des guerres civiles. Dans les polémiques ardentes que fit naître alors la question de l'esclavage, on vit invoquer tour à tour les intérêts et les sentiments, le droit du faible et le droit du fort ; la théologie, comme toujours, fournit des arguments à tout le monde ; et la science enfin eut son tour.

Par une de ces confusions d'idées que l'ignorance publique finit par imposer même aux lettrés et aux savants, on s'imagina que la doctrine polygéniste était solidaire de l'esclavage, et que la doctrine monogéniste était inséparable de l'émancipation. Étrange oubli de l'histoire, qui nous montre l'esclavage sanctionné par les monogénistes juifs, accepté par les monogénistes chrétiens, réglementé par les monogénistes musulmans, introduit en Amérique, à la demande de l'évêque Las Casas, par un pape monogéniste, — puis combattu au dix-huitième siècle par des philosophes qui ne se piquaient pas d'orthodoxie, flétri par Voltaire qui faisait profession de polygénisme, et enfin aboli pour la première fois par la Convention nationale en vertu d'un principe qui n'avait rien de commun avec les dogmes. — Mais il s'agissait bien du passé! On savait seulement qu'au dix-neuvième siècle le mouvement abolitionniste avait été effectué en Angleterre par des sociétés religieuses, au nom de la fraternité et de l'unité des races adamiques; c'était sous cette forme qu'il s'était propagé aux Etats-Unis, et il n'en fallut pas davantage pour pousser les esclavagistes à prendre un point d'appui sur la doctrine des polygénistes. Il y eut un moment où le débat politique parut se concentrer sur ce terrain scientifique, où l'on put croire que la destinée des nègres dépendait de l'opinion des législateurs sur l'influence nigrifiante du soleil d'Afrique. Attaqués ardemment par les uns, loués outre mesure par les autres, les disciples de Morton ne pouvaient rester impassibles : l'un d'eux, le savant et regrettable Gliddon, se livra plus d'une fois à des polémiques un peu trop empreintes de la couleur locale, et il est permis de le regretter; mais tout en constatant que l'intérêt d'actualité contribua beaucoup à la popularité des publications de l'école américaine, nous sommes obligés de reconnaître la haute valeur scientifique des nombreuses monographies qui parurent en 1854 et en 1857 dans les deux grands recueils anthropologiques publiés par Nott et Gliddon. Grâce au concours de plusieurs savants spécialement chargés des mémoires relatifs à l'histoire naturelle générale, à la crâniologie, à la linguistique, à l'esthétique, à la géologie et à la paléontologie, *les Types de l'humanité* (*Types of Mankind*), et *les Races indigènes de la terre* (*Indigenous Races of the Earth*) sont les deux premiers ouvrages où le vaste programme de l'anthropologie, éclairée par les sciences modernes, ait été parcouru dans son ensemble. Un début aussi remarquable promettait de beaux jours à l'école américaine, et le sceptre de l'anthropologie eût peut-être passé dans ses mains, si les circonstances politiques qui avaient fait une partie de son succès n'eussent bientôt entravé sa marche. L'orage qui grondait depuis longtemps sur la grande république éclata un jour avec une violence qui dépassa toutes les prévisions. Une guerre gigantesque absorba pendant plusieurs années toutes les forces vives du pays; les discussions scientifiques s'éteignirent au milieu du fracas des armes, et lorsque la victoire du Nord eut tranché la question de l'esclavage, l'anthropologie, délaissée par l'attention publique, subit le temps d'arrêt qu'elle avait subi en France après la révolution de Février.

Ce ne sera sans doute qu'une crise passagère; l'école américaine, n'en doutons pas, reprendra bientôt son œuvre interrompue; — mais que son exemple, messieurs, ne soit pas perdu pour nous. Comme la Société des observateurs de l'homme, comme la Société ethnologique de Paris, elle nous a montré que ce n'est jamais sans péril que la science se laisse entraîner hors de son domaine. On blâme avec raison les savants égoïstes qui, sous le prétexte commode de se concentrer dans leurs travaux, croient pouvoir rester indifférents à toutes les grandes questions qui agitent les sociétés humaines. La supériorité de leur esprit et de leurs connaissances, loin de donner ce droit aux savants, leur fait au contraire un devoir de prendre part à la vie politique, et d'exercer sur le milieu qui les entoure une légitime influence. Qu'ils s'intéressent donc aux affaires de leur pays, qu'ils se passionnent plus ou moins, suivant leur tempérament, pour les problèmes philosophiques ou religieux, sociaux ou humanitaires; rien de mieux. Mais lorsque, rentrant dans leur laboratoire ou dans leur cabinet d'étude, ils s'appliquent aux recherches scientifiques, ils doivent comprimer leurs sentiments et leurs aspirations, et fermer l'oreille aux bruits du dehors, pour n'entendre que la voix inflexible de la vérité : car la science ne doit relever que d'elle-même et ne saurait se plier aux exigences des partis ; elle est la déesse auguste qui trône au-dessus de l'humanité pour la diriger et non pour la suivre, et c'est d'elle seulement qu'on peut dire qu'elle est faite pour commander sans jamais obéir.

Pendant que les circonstances politiques donnaient en Amérique une vogue passagère aux publications anthropologiques, les savants de l'Europe poursuivaient paisiblement leurs recherches et marchaient d'un pas lent, mais assuré, à la découverte des faits archéologiques et paléontologiques, qui allaient ouvrir de nouvelles voies à l'anthropologie. Mais leurs efforts isolés et parfois divergents n'obtenaient que peu d'attention;

un certain discrédit s'attachait même à ces études, qui n'étaient pas encore réunies en faisceau, et qui, n'ayant pas subi le contrôle de la discussion publique, ne paraissaient pas mériter beaucoup de confiance. Aux faits qui se trouvaient en contradiction avec la science officielle, on n'opposait que le dédain; aux autres, on accordait l'indulgence, toujours voisine de l'indifférence. Ce fut alors que les fondateurs de la Société d'anthropologie de Paris résolurent d'élever une tribune où toutes les opinions seraient appelées à se produire, — de constituer un centre scientifique où viendraient converger des travaux jusqu'alors dispersés, et où l'anthropologie, assise sur ses plus larges bases, réclamerait le concours de toutes les sciences qui peuvent jeter quelque jour sur l'état actuel des races humaines, sur leur histoire et leurs filiations, sur le développement de l'industrie et de la civilisation, enfin sur les origines de l'homme, sur l'époque de son apparition et sur sa place dans la nature.

Après plus de six mois employés à recueillir des adhésions et à obtenir, non sans peine, l'autorisation de se réunir (sous la surveillance de la police), la nouvelle Société tint enfin sa première séance le 19 mai 1859 et commença ses travaux scientifiques le 7 juillet suivant. Je ne sais si je me fais illusion, mais j'ai lieu de croire que cette date, dont nous célébrons aujourd'hui l'anniversaire décennal, restera dans l'histoire de l'anthropologie et sera considérée par nos successeurs comme l'ouverture d'une période importante. C'est à partir de ce jour que l'anthropologie s'est imposée à l'attention du monde savant, qu'elle a recruté partout des adeptes, et qu'elle a cessé de marcher à tâtons pour s'élancer d'un pas rapide vers un but désormais visible à tous les yeux. Ce fut cependant un début bien humble que celui de notre Société. La commission provisoire, après de nombreuses démarches, n'avait pu réunir que fort peu d'adhésions. Dix-neuf personnes seulement avaient consenti à figurer sur la liste des fondateurs, et quelques-unes même n'avaient fait que prêter leurs noms. On hésitait à se rallier à une entreprise dont l'utilité ne semblait pas évidente, et dont le succès paraissait plus que douteux. Mais dès que la Société fut à l'œuvre, dès qu'elle eut montré, dans ses premières discussions, la possibilité de donner une solution positive à des questions dédaignées jusqu'alors, comme trop conjecturales, elle vit son personnel s'accroître rapidement, ses relations se multiplier, ses publications se répandre au delà de nos frontières, et bientôt elle eut la satisfaction de voir son exemple suivi et son programme adopté dans plusieurs autres pays.

Ce succès, qui ne s'est jamais ralenti, elle l'a dû sans doute avant tout à l'activité de ses membres, au caractère toujours scientifique et à la valeur de ses travaux, mais elle en est redevable aussi aux circonstances qui ont précédé et accompagné sa fondation. Elle est venue à son heure, au moment où l'archéologie préhistorique, remontant jusqu'à l'époque de la pierre taillée, allait se mettre en continuité avec la paléontologie, et où la démonstration prochaine de l'antiquité de l'homme allait livrer un champ immense aux investigations anthropologiques; au moment où l'existence des populations européennes autochthones, antérieures aux migrations asiatiques, était devenue certaine, et où la discussion des théories ethnogéniques était devenue nécessaire; au moment enfin où la première édition du livre de Charles Darwin sur l'*Origine des espèces* (*on the Origin of Species by means of Natural Selection*, Londres, 24 novembre 1859) était déjà sous presse, où l'hypothèse hardie du transformisme, reparaissant sous une forme entièrement neuve, était sur le point de faire explosion dans l'histoire naturelle, et où l'anatomie comparée des singes anthropoïdes, complétée depuis peu par l'étude du gorille, laissait entrevoir aux transformistes la possibilité, ou plutôt l'espérance, d'étendre jusqu'à l'homme lui-même les applications de leur théorie.

Appelée à recueillir, à grouper, à discuter tant de matériaux contemporains, tant d'idées encore naissantes, la Société d'anthropologie put ajouter aux programmes déjà connus deux nouvelles branches d'étude, l'*anthropologie préhistorique et paléontologique* et l'*anthropologie zoologique*, et l'intérêt puissant qui s'y rattachait lui assurait au moins un succès de curiosité. Mais la curiosité, prompte à s'allumer, n'est pas moins prompte à s'éteindre, et il faut autre chose pour produire un succès durable. Les institutions ne maintiennent leur équilibre qu'à la condition de reposer sur des assises larges et fermes, et une science d'observation qui, comme l'anthropologie, touche de tous côtés à des questions spéculatives, qui, de plus, est tributaire d'un grand nombre d'autres sciences dont les procédés diffèrent beaucoup des siens, a besoin, pour conserver son unité et son individualité, de constituer, au milieu du vaste horizon qu'elle embrasse, un groupe central de connaissances positives qui lui appartiennent en propre, qui ne relèvent que de sa méthode et qui se défendent par elles-mêmes. Or quelle est la partie la plus positive de l'anthropologie, si ce n'est l'histoire naturelle de l'homme, c'est-à-dire l'anatomie et la biologie de l'homme? C'est sur cette base solide que la Société d'anthropologie s'est tout d'abord établie. Toujours appuyée sur ce centre d'opérations, elle a pu, sans s'égarer, s'étendre dans toutes les directions, multiplier, varier ses sujets d'étude, utiliser les forces les plus diverses; elle a pu même, sans perdre terre, s'élever jusqu'aux hauteurs de la synthèse et en dégager les notions les plus essentielles de l'*anthropologie générale*, qui sera tôt ou tard le couronnement de notre science. C'est là ce qui a fait sa force, et c'est le secret de l'influence qu'elle a exercée, même à l'étranger, sur le mouvement de l'anthropologie.

Il n'y avait guère plus de deux ans que notre Société était fondée, lorsque le célèbre anatomiste Rodolphe Wagner, de Gœttingue, un de nos membres associés étrangers, conçut la pensée d'instituer en Allemagne une association sinon semblable, du moins analogue à la nôtre. Les anthropologistes allemands, dispersés dans de nombreuses universités, étaient trop éloignés les uns des autres pour pouvoir comme nous se réunir fréquemment et travailler en commun; ce ne fut donc pas dans une société permanente, mais dans des congrès annuels que Wagner entreprit de centraliser les travaux anthropologiques de ses compatriotes. Son idée fut acceptée avec empressement par notre illustre collègue de Saint-Pétersbourg, M. de Baer, qui représente avec tant d'éclat dans l'empire des tzars la science allemande. Une première session eut lieu à Gœttingue au mois de septembre 1861. Elle fut consacrée surtout à l'organisation des congrès futurs, à la détermination des programmes et à la discussion des procédés crâniométriques. Il fut décidé que la seconde session se tiendrait à Gœttingue, et que les sessions suivantes auraient lieu tour à tour dans les principales villes de l'Allemagne. Une exposition de crânes, empruntés aux divers musées de l'Europe et appropriés aux questions à l'ordre du jour, devait fournir chaque fois une base anatomique aux discussions.

Le congrès, en se séparant, s'était pour cette fois ajourné à deux ans ; malheureusement la maladie de Wagner, qui devait préparer et présider la session de 1863, nécessita un nouvel ajournement d'une année, et sa mort, qui survint en mai 1864, rendit cet ajournement indéfini. Mais l'année suivante, l'association des anthropologistes allemands se réalisa sous une nouvelle forme, et il y a quatre ans, à pareil jour, pendant que notre Société fêtait dans un banquet fraternel son sixième anniversaire, un télégramme daté de Francfort-sur-le-Mein lui annonça la fondation des *Archives allemandes d'anthropologie* (*Archiv für Anthropologie, Zeitschrift für Naturgeschichte und Urgeschichte des Menschen*). C'est dans cet important recueil, où prédominent les mémoires relatifs à la crâniologie et à l'anthropologie préhistorique, que nos confrères allemands ont publié la plupart de leurs recherches (1).

Mais c'est surtout en Angleterre qu'a retenti le signal donné par la Société d'anthropologie de Paris. La Société ethnologique de Londres poursuivait doucement ses travaux, lorsque la lecture de nos publications fit naître dans son sein le désir d'ajouter à l'ancien programme de l'ethnologie celui de l'anthropologie moderne. Mais les membres les plus influents de cette Société, voulant rester fidèles à un passé qui datait déjà de vingt ans, résistèrent à l'invasion de l'anatomie et de l'histoire naturelle, et, après d'assez longs tiraillements, il se produisit une scission qui aboutit à un démembrement.

Le 24 février 1863, les membres dissidents fondèrent, sous la présidence de M. James Hunt, une nouvelle société qui prit, à l'instar de la nôtre, le nom de *Société d'anthropologie*. Grâce à l'activité infatigable de son président, grâce à l'intérêt palpitant des questions auxquelles elle ouvrait sa tribune, la Société d'anthropologie de Londres conquit immédiatement une grande place dans la faveur publique, et obtint un tel succès, qu'en peu d'années le nombre de ses membres ordinaires dépassa le chiffre de 800. Non contente de publier comme nous des Bulletins annuels et des Mémoires originaux, elle constitua

(1) Aujourd'hui la science de l'homme compte, en Allemagne, un organe de plus, le *Journal d'ethnologie* (*Zeitschrift für Ethnologie*), publié à Berlin depuis le 1er janvier 1869, par M. Bastian.

dans son sein un comité chargé de traduire et d'éditer en langue anglaise les principaux ouvrages anthropologiques publiés sur le continent. En même temps elle provoqua la fondation d'un journal trimestriel, la *Revue anthropologique* (*Anthropological Review*), dont le septième volume est déjà sous presse. Ces publications multiples ont répandu dans toute l'Angleterre le goût des études anthropologiques. Nulle part notre science ne compte un aussi grand nombre d'adeptes, et déjà nous savons que les anthropologistes de Manchester se sont trouvés assez nombreux pour former dans cette ville une seconde Société d'anthropologie, qui est comme une succursale de celle de Londres. C'est qu'aussi, il faut bien le dire, l'ardeur de nos confrères anglais a été vivement stimulée par l'excitation de la lutte. La vieille Société ethnologique n'avait pas vu, sans inquiétude, grandir à ses côtés une Société rivale, qui tirait toute sa force de son empressement à suivre les voies nouvelles, et qui, n'ayant pas cessé pour cela de parcourir les voies anciennes, attirait à elle une grande partie des travaux relatifs à l'ethnologie proprement dite. Affaiblie un instant par cette dérivation puissante, la Société ethnologique redoubla d'efforts et comprit bientôt la nécessité d'agrandir à son tour son programme.

L'année dernière, à la mort de son président, le vénérable sir John Crawfurd, elle lui a donné pour successeur le professeur Thomas Huxley. Rien ne pouvait être plus significatif que le choix de ce savant, qui doit sa légitime renommée à ses travaux de zoologie, d'anatomie comparée et de crâniologie, et qui s'est signalé particulièrement à l'attention des anthropologistes par la publication de son célèbre ouvrage d'anthropologie zoologique : *la Place de l'homme dans la nature* (*Evidence as to Man's Place in Nature*, Londres, 1863, in-8). Désormais la Société anthropologique et la Société ethnologique de Londres ne diffèrent plus que de nom : toutes deux ont le même but, la même méthode, le même programme, et elles ont beaucoup de membres communs; aussi a-t-on pu espérer un instant qu'une entente réciproque amènerait la fusion des deux Sociétés; aucune d'elles, toutefois, n'a voulu renoncer à son nom; la lutte qui s'était allumée depuis plusieurs années entre les *anthropologistes* et les *ethnologistes* n'a pu s'éteindre tout à coup, et la scission s'est maintenue. Mais l'Angleterre est un assez grand pays, elle possède un assez grand nombre de savants, pour que ces deux Sociétés vouées aux mêmes recherches puissent y prospérer ensemble; et si l'aiguillon de la rivalité redouble l'activité de chacune d'elles, la science ne pourra qu'y gagner.

Pendant que la France, l'Allemagne, l'Angleterre concouraient aussi puissamment aux progrès de l'anthropologie, les autres pays de l'Europe ne restaient pas inactifs. Partout, depuis la Suède jusqu'à la Sicile, depuis le Volga jusqu'au Tage, les savants se sont mis à l'œuvre; l'exploration des anciens tombeaux, des cavernes et des terrains quaternaires a mis à jour de nombreux crânes humains, et quelquefois des squelettes entiers, dont la date a pu être déterminée et dont l'étude a jeté les plus vives lumières sur l'ethnogénie de l'Europe en général, sur celle de chaque contrée en particulier. Partout l'importance de ces recherches a fait naître le désir de les centraliser; et votre secrétaire général a reçu plusieurs fois, depuis quatre ans, des demandes de renseignements qui lui étaient adressées par des groupes de savants désireux de fonder dans leur pays des sociétés semblables à la nôtre. Mais une société permanente, consacrée à une science aussi neuve, ne peut s'établir que là où existe déjà un centre scientifique reconnu, et les difficultés que nous-mêmes, à Paris, nous avons rencontrées à nos débuts, peuvent nous donner une idée de celles qui ont jusqu'ici fait ajourner des tentatives faites dans des conditions bien plus défavorables. Deux fois seulement, à Moscou et à Madrid, ces tentatives ont abouti.

A Moscou, on a dû se contenter d'instituer, en 1866, dans le sein de la *Société des amis de la nature*, sous la direction de M. Démétrius Sontzoff, une section spéciale d'anthropologie; mais cette section fonctionne comme une société distincte, et publie séparément ses travaux. Disposant de sommes considérables, grâce à la générosité de plusieurs donateurs, et particulièrement de M. Daschkow, directeur du Musée de Moscou, la *Section d'anthropologie* a pu organiser à Moscou une grande exposition en 1867, fonder un musée important et instituer plusieurs prix, entre autres un prix de 5000 roubles (17 000 francs) décerné à l'auteur du meilleur mémoire anthropologique sur l'une des nombreuses populations de l'empire russe. Les matériaux de ces mémoires doivent être recueillis conformément aux *Instructions générales* que vous avez publiées et qui ont été traduites en langue russe. La Section d'anthropologie a déjà fourni des contributions importantes à la crâniologie ancienne ou moderne et à l'ethnologie de la Russie, et tout permet de compter sur son avenir.

A Madrid, c'est une véritable Société d'anthropologie qui a été fondée en 1865, à l'instigation de mon excellent ami le professeur Velasco, et avec le concours actif de notre associé étranger M. Delgado Jugo. Mais ces honorables collègues avaient compté sans l'ulcère qui rongeait alors leur pays. Pourtant tout semblait d'abord aller à merveille ; près de deux cents adhésions étaient déjà recueillies, le travail préparatoire était terminé, le bureau nommé, les formalités remplies. La reine avait gracieusement octroyé son autorisation, et le ministre du progrès, — tel était son nom, — avait bien voulu honorer de sa présence (le 5 juin 1865) la séance solennelle d'inauguration. Ce fut seulement lorsque la Société voulut se mettre à l'œuvre que les difficultés commencèrent. La première question mise à l'ordre du jour était celle des races aborigènes de la Péninsule, question malsonnante, imprudente, sentant l'hérésie, car le seul nom d'*aborigènes* était gros de controverses, et la sœur Patrocinio n'était pas plus disposée à laisser discuter le monogénisme, que le père Claret à tolérer le plus petit doute sur la date biblique de la création du monde. Une certaine presse, — dont on pourrait peut-être, en cherchant bien, trouver l'analogue en France, — demanda violemment ce que signifiait, dans un pays catholique, la fondation d'une Société d'anthropologie ? Un député des Cortès interpella même le ministre du progrès sur sa coupable complaisance pour les libres penseurs. A ces symptômes menaçants, nos confrères de Madrid comprirent qu'ils étaient peut-être libres de penser, mais qu'ils étaient autorisés à se taire, et qu'il ne leur restait pour écrire d'autre liberté que celle dont parle Figaro ; ils se réunissaient de temps en temps en petit nombre dans le musée du professeur Velasco, mais point de séances publiques, et surtout point de chose imprimée. Il n'a fallu rien moins que la révolution de septembre pour les mettre en possession de leur droit. Le 21 février dernier, réunis pour la seconde fois en séance inaugurale, ils ont commencé leurs travaux. Nous attendons avec impatience leurs premières publications. Les fouilles déjà nombreuses pratiquées depuis quelques années en Espagne et en Portugal, soit dans les sépultures de l'âge de la pierre polie, soit dans les terrains quaternaires, fourniront ample matière à leurs discussions, et bientôt sans doute la question des races aborigènes de la péninsule hispanique marchera vers sa solution.

La rapidité avec laquelle les sociétés et les associations anthropologiques viennent de se multiplier en Europe est l'indice le plus sûr de l'importance des études que nous poursuivons. Mais il reste encore beaucoup de savants qui n'ont pu réussir encore à organiser dans leurs pays le travail en commun, et qui seraient condamnés à l'isolement si la création des congrès internationaux d'anthropologie et d'archéologie préhistoriques n'était venue leur fournir la tribune qui leur manque. C'est notre collègue M. Gabriel de Mortillet qui a pris l'initiative de cette institution féconde. Dans la session de la Société des sciences naturelles qui eut lieu à la Spezzia, au mois de septembre 1865, sous la présidence du professeur Capellini, M. de Mortillet proposa à la section antéhistorique la fondation d'un *Congrès international paléoethnologique*. Cette proposition fut adoptée; et l'on décida que la première session du congrès aurait lieu en septembre 1866, à Neufchâtel, sous la présidence du professeur Desor. Le Congrès de Neufchâtel décida à son tour que la seconde session aurait lieu à Paris en 1867; il en confia la présidence à M. Lartet, et chargea une commission parisienne d'organiser et de réglementer les congrès futurs. Cette commission, où figuraient un grand nombre de membres de notre Société, crut devoir modifier le titre du congrès, et lui donner le nom de *Congrès d'anthropologie et d'archéologie préhistoriques*. Vous n'avez pas oublié, messieurs, cette importante session du mois d'août 1867, qui coïncida si heureusement avec l'exposition universelle, et où la plupart des pays de l'Europe et de l'Amérique eurent leurs représentants. La troisième session a eu lieu au mois d'août dernier, à Norwich, sous la présidence de sir John Lubbock; la quatrième aura lieu cette année même à Copenhague, sous la présidence de M. Worsaae, et désormais la durée de cette utile institution n'est plus douteuse.

Les sociétés savantes, les journaux spéciaux, les congrès qui ont vu le jour depuis dix ans ont été sans aucun doute les principaux agents des progrès des connaissances anthropologiques; mais telle est aujourd'hui l'importance de ces études, qu'elles pénètrent partout. De nombreux documents, dont nous nous empressons de profiter, sont recueillis chaque jour par les Sociétés de géographie de Paris, de Berlin, de Genève, par la Société parisienne d'archéologie et d'histoire, par plusieurs sociétés savantes des départements et de l'Algérie, enfin et surtout par une société qui a plus d'un point de contact avec la nôtre, la *Société d'ethnographie*. Organisée il y a dix ans par les soins de son actif secrétaire perpétuel M. Léon de Rosny, elle avait d'abord pris le titre de *Société d'ethnographie orientale et américaine*, mais elle a peu à peu étendu ses recherches à tous les peuples, et elle s'est enfin constituée, il y a deux ans, sous le nom plus général de *Société d'ethnographie*. L'ethnographie, telle qu'elle la comprend, diffère à plusieurs titres de la branche de nos études que nous désignons sous le nom d'*ethnologie*. L'ethnologie est la *science des races*, qui sont caractérisées par leur type physique; l'ethnographie est la *science des nations*, et ce qui caractérise une nation, c'est moins le type physique, qui peut être fort disparate, que l'ensemble des aptitudes intellectuelles et morales et le lien commun du langage, des croyances et des mœurs. L'ethnographie et l'ethnologie établissent donc souvent dans l'humanité des groupes tout à fait différents, mais souvent aussi la caractéristique de la nationalité et celle de la race coïncident d'une manière remarquable, et alors chacune de ces deux sciences trouve dans l'autre un précieux appui. Il est donc à désirer, messieurs, que des relations de bon voisinage s'établissent entre notre Société et la Société d'ethnographie. Ici, en effet, rien ne peut servir de prétexte à ces rivalités qui divisent au delà de la Manche les ethnologistes et les anthropologistes, voués aux mêmes travaux. Ce que nous étudions principalement au point de vue de l'histoire naturelle de l'homme, la Société d'ethnographie l'étudie principalement au point de vue de la psychologie et de l'histoire. Il peut sans doute en résulter parfois des conclusions contradictoires, mais il n'y a rien là qui puisse nous diviser.

J'ai essayé, messieurs, de vous présenter l'histoire du mouvement rapide qui depuis dix ans s'est produit dans la science anthropologique. Au lieu de quelques pionniers isolés, elle compte maintenant ses travailleurs par phalanges. — Aussi que de découvertes n'a-t-elle pas vues s'accomplir ! On peut dire sans aucune exagération qu'elle a fait plus de progrès dans cette seule période qu'elle n'en avait fait depuis son origine. L'antiquité de l'homme démontrée, reculée jusqu'aux temps paléontologiques ; l'existence de l'homme quaternaire rendue absolument certaine, celle de l'homme tertiaire devenue extrêmement probable ; la succession des époques dont se compose l'âge de pierre déterminée scientifiquement, et fournissant, pour cette histoire fossile, une chronologie régulière ; l'homme des cavernes découvert, décrit, mesuré, dévoilant à nos yeux son industrie si variée et ses arts si surprenants ; la multiplicité des races autochthones constatée par l'ostéologie ; l'ethnogénie de l'Europe débrouillée ; l'ethnologie enrichie ; l'anthropologie générale constituée ; la crâniologie perfectionnée, régularisée, rendue précise par l'emploi des procédés géométriques ; la méthode des moyennes ajoutée à la méthode de l'observation individuelle ; l'anatomie comparée de l'ordre des primates développée et presque complétée : tels sont les résultats les plus généraux qui ont signalé cette période décennale.

Vous n'attendez pas de moi, messieurs, l'exposé analytique de tant de progrès et de tant de découvertes. Nous nous sommes efforcés, M. Dally et moi, dans nos comptes rendus biennaux, de vous en présenter l'histoire détaillée et de rendre à chacun sa part. Ce que j'ai voulu vous retracer ici, ce n'est plus l'œuvre individuelle, c'est l'œuvre collective. J'ai voulu vous montrer le rôle que notre Société a rempli, l'influence qu'elle a exercée sur l'évolution des études anthropologiques. Et maintenant préparons-nous à reprendre le cours de nos travaux et de nos libres discussions ; continuons nos recherches avec persévérance, afin que la nouvelle décade qui commence aujourd'hui soit aussi féconde que la précédente, et pour hâter l'avénement du jour où le fabuliste n'aura plus le droit de dire de l'homme :

Il connaît l'univers et s'ignore lui-même.



Paris — Typographie A. Hennuyer, rue du Boulevard, 7.

www.ingramcontent.com/pod-product-compliance
Lightning Source LLC
LaVergne TN
LVHW020454230826
846091LV00008BA/3199

* 9 7 8 2 0 1 6 1 6 4 3 5 8 *